Jochen Rees • Martin Stingl

Ski und Rodel gut!

Wintervergnügen im SCHWARZWALD

Aus dem Fotoalbum der fünfziger Jahre

Fotos von Willy Pragher
aus dem Staatsarchiv Freiburg

Wartberg Verlag

Fotonachweis:
Fotos von Willy Pragher aus dem Staatsarchiv Freiburg
Bildnr.: 26.207 (S.4/5), 26.223 (S.6), 27.609B (S.7), 19.602 (S.8/9 gr.Foto), 19.580B (S.9 kl.Foto), 19.581A (S.10 l.), 50.701 (S.10 u.), 19.579B (S.11), 19.599 (S.12/13 gr. Foto), 19.600 (S.13 kl.Foto), 19.588F (S.15), 19.595A (S.14), 54.816B (S.16), 46.585 (S.17), 28.700B (S.18 o.), 19.428A (S.18 l.), 19.494B (S.19 o.), 28.702C (S.19 u.), 19.584 (S.20/21 gr.Foto), 19.607 (S.21 kl.Foto), 19.598 (S.22/23 gr.Foto), 54.810A (S.22 kl.Foto), 19.597A (S.24), 19.597D (S.25 kl. Foto), 54.809F (S.25 gr.Foto), 19.593 (S.26), 54.805B (S.27 o.), 42.072 (S.27 l.), 19.591 (S.28/29 gr.Foto), 42.115 (S.29 kl. Foto), 19.489A (S.30 o.), 19.478A (S.30 r.), 27.606G (S.31), 42.132C (S.32), 50.592 (S.33 o.), 50.585B (S.33 u.), 50.597 (S.34 o.), 50.601C (S.34 u.), 46.582B (S.35), 50.600B (S.36), 50.569 (S.37 o.), 50.583 (S.37 u.), 42.076 (S.38/39 gr.Foto), 50.591 (S.39 o.), 26.214B (S.40 o.), 26.216E (S.40 m.), 26.216B (S.40 u.), 26.216G (S.41), 26.216A (S.42 kl.Foto), 26.216C (S.42/43 gr.Foto), 26.225 (S.44 o.), 26.226A (S.44 l.), 26.230B (S.45), 26.232A (S.46), 19.792 (S.47 o.), 19.793A (S.47 u.), 19.794 (S.48 o.), 19.797 (S.48 u.), 27.615D (S.49), 27.685D (S.50), 46.979 (S.51), 64.242B (S.52/53 gr.Foto), 64.246C (S.53 kl.Foto), 19.586 (S.54 o.), 28.710B (S.54 u.), 47.535G (S.55), 54.812 (S.56/57 gr.Foto), 27.612B (S.57 kl.Foto), 26.250 (S.58 l.o.), 27.600B (r.o.), 46.576C (S.59), 39.792C (S.60 o.), 27.655 (S.60 r.), 39.797 (S.61), 54. 835C (S.62 o.), 54.843B (S.62 u.), 63.886H (S.63)
Sämtliche Rechte an den Bildern liegen beim Staatsarchiv Freiburg.

1. Auflage 2001

Druck: Thiele & Schwarz, Kassel
Buchbinderische Verarbeitung: Büge, Celle

34281 Gudensberg-Gleichen, Im Wiesental 1
Tel.: 0 56 03/9 30 50 • www.wartberg-verlag.de
ISBN 3-8313-1128-5

VORWORT

Der Wintersport hat im Schwarzwald eine lange Tradition, und dort steht eine der Wiegen des Skisports in Deutschland. Im Jahr 1888 ließ sich ein in Todtnau wohnender Arzt die ersten Gleithölzer aus Norwegen, die durch die Grönlanddurchquerung Fridtjof Nansens bekannt geworden waren, in den Schwarzwald liefern, weil sie ihm als Fortbewegungsmittel hilfreich erschienen. Aus dem technischen Hilfsmittel begann sich wenig später ein Gerät zur Freizeitgestaltung zu entwickeln: Eine Gruppe von Todtnauern hatte das Wagnis unternommen, den Feldberg, Deutschlands höchsten Mittelgebirgsgipfel, im Winter auf Skiern zu besteigen, worin ihnen der Franzose Pilet im Winter 1888/89 als Erster vorangegangen war. Im Jahr 1891 entstand in Todtnau der erste Skiclub Deutschlands. Ihm folgten in kurzer Zeit weitere in anderen Orten des Hochschwarzwalds. Natürlich dienten die Bretter auch weiterhin als Fortbewegungsmittel, jedoch wurden schon in den 1890er Jahren die ersten sportlichen Wettkämpfe veranstaltet. Der Skisport blieb nicht lange eine reine Männersache: Bereits 1897 fand der erste Frauenwettkampf auf dem Feldberg statt.

Vom Feldberg-Gebiet aus verbreitete sich der Skisport rasch in den mittleren und nördlichen Schwarzwald. 1895 wurde als Dachorganisation der „Skiclub Schwarzwald" gegründet, der 1905 an der Wiege des Deutschen Skiverbandes stand. Zu einem Massenphänomen, das von weither Gäste anlockte, wurde der Skisport im Schwarzwald schließlich im 20. Jahrhundert. Wesentlich hat der Ausbau der Verkehrsinfrastruktur seit den 1880er Jahren dazu beigetragen, insbesondere der Bau der Höllentalbahn, der die Lande am Oberrhein direkt an die Schwarzwald-Höhen anschloss. Der Bau von Straßen und Skiliften tat das Seinige. Eine Entwicklung setzte ein, nach deren Schattenseiten in den 1950er Jahren noch kaum jemand fragte: Als die unmittelbare Nachkriegsnot überwunden war, die Großstädte aber immer noch die Narben des Krieges zeigten und weite Auslandsreisen noch eine Ausnahmeerscheinung waren, war ein Ausflug oder eine Reise in die tief verschneite „heile Welt" des Schwarzwalds für viele Menschen ein Mittel, dem oftmals grauen Stadtwinter zu entfliehen.

Der Schwarzwald war auch in den 1950er Jahren nicht nur eine Hochburg des Breitensports im Winter. Er hatte auch seinen Platz im internationalen Hochleistungssport. Unvergessen ist bis heute die Sportlerkarriere des Olympiasiegers Georg Thoma, dessen Erfolgen der 50er und 60er Jahre unter anderem sein Neffe Dieter eine Generation später nacheiferte.

Man kann sich dem Schwarzwald als Landschaft des Wintersports auf vielerlei Weise annähern: durch eigene und unmittelbare Erfahrung, durch das Studium von Reiseführern und Literatur, durch Hörensagen ... Besonders reizvoll ist es jedoch, eine Landschaft anhand von Bildern und mit den Augen eines Fotografen zu sehen. Der Bildjournalist und Fotograf Willy Pragher hat seit den 1920er Jahren über Jahrzehnte hinweg das Leben seiner Zeit in seinen Fotografien festgehalten. 1908 in Berlin geboren, lebte er seit 1950 bis zu seinem Tod im Jahr 1992 in Freiburg. Sein fotografischer Nachlass umfasst hunderttausende von Bildern und ist heute im Staatsarchiv Freiburg zugänglich und benutzbar. Der besondere Wert von Praghers Lebenswerk liegt darin, dass er nicht wie die meisten anderen Betreiber kleiner privater Bilderdienste nur das fotografierte, was leicht vermarktet werden konnte. Er folgte nicht der Schnelllebigkeit seiner Zeit. Es ist ein Kennzeichen seiner Aktivitäten, dass er nicht nur Ereignisse und Persönlichkeiten ablichtete oder die üblichen Landschaftsaufnahmen für Illustrierte und Reiseführer lieferte, sondern dass er es sich leistete, zusätzlich auch das vordergründig Unspektakuläre, das Alltägliche, für die Zeitgenossen Selbstverständliche und daher zunächst einmal auf dem Markt Unverkäufliche im Bild festzuhalten. Gerade dadurch fangen seine Bilder den Geist der Epoche ein.

Der vorliegende Bildband veröffentlicht eine kleine Auswahl an Fotos aus diesem reichhaltigen Bildbestand. Bei der Auswahl ging es nicht darum, die großen Sportereignisse in der Region und die Hochburgen des Wintersports im Schwarzwald lückenlos zu dokumentieren oder den Schwerpunkt auf stimmungsvolle Landschaftsaufnahmen zu setzen. Der Bildband stellt vielmehr einen Versuch dar, etwas vom Alltagsleben und vom Flair der Epoche der 50er Jahre einzufangen.

Foto oben: **Hinterzarten, Januar 1954**
Die Höllentalbahn transportiert bis heute das ganze Jahr über Reisende in die Erholungs- und Wintersportgebiete im Hochschwarzwald. Eine dichte, skibewehrte Menschentraube verlässt am letzten Januartag des Jahres 1954 den Hinterzartener Bahnhof. Nur vereinzelt mischen sich „normale" Reisende in langen Wintermänteln unter die Skifahrer.

Foto Seite 4/5: **Im Höllental, Januar 1954**
Die verkehrsmäßige Erschließung des Schwarzwalds zählte zu den unerlässlichen Voraussetzungen für seinen Erfolg als Wintersportregion seit dem Ende des 19. Jahrhunderts. Von besonderer Bedeutung war der Bau der Eisenbahnverbindung von Freiburg durch das Höllental über den Schwarzwald hinweg Richtung Donaueschingen. Die Höllentalbahn, mit deren Bau in den 1880er Jahren begonnen wurde, verbindet die Breisgau-Metropole Freiburg und ihr Umland mit den Zentren des Tourismus im Hochschwarzwald. Wegen des Höhenunterschieds zwischen der Oberrheinebene und dem Schwarzwald war der Bau eine technische Herausforderung. Bis heute beeindruckend ist der Viadukt über die Ravennaschlucht, dessen imposante Höhe von bis zu 37 m und dessen Länge von 114 m das gezeigte Foto zumindest erahnen lässt.

Foto rechts: **Schauinsland, März 1954**
Die Eisenbahn bekam als Verkehrsmittel, das die Menschen zu den schneereichen Hängen des Schwarzwalds bringt, in den Wirtschaftswunderjahren die Konkurrenz des privaten PKW deutlich zu spüren. So erfreulich der Zustrom in wirtschaftlicher Hinsicht auch war, so sehr hatte er doch auch seine Schattenseiten. Staus und Verstopfungen waren bereits in den 1950er Jahren in den Hochlagen des Schwarzwalds ein Problem. Auf dem Foto begegnen sich auf der durch die Schneeverhältnisse verengten Schauinslandstraße vom Gipfel herabkommende Skifahrer (zu erkennen an den „Brettern" auf den Dächern der Fahrzeuge) und hinauffahrende Autos. Stellenweise half nur der Griff zum Klappspaten, um Ausweichmöglichkeiten zu schaffen.

706-397 D
53-3395
D

Foto Seite 8/9: **Feldberg, Februar 1952**
Kein Durchkommen mehr: Autos, Fußgänger, Skifahrer und ein Pferdeschlitten drängen sich auf der von mannshohem Schnee umsäumten Straße vor dem „Feldberger Hof". Vom Schild der Bushaltestelle ragt nur noch die oberste Spitze aus dem Schnee.

Kleines Foto Seite 9: **Feldberg, Februar 1952**
Skifahrer verlassen an einem sonnigen Wintertag ihre Autobusse und streben den verschneiten Hängen zu. Viele von ihnen tragen noch die alten Knickerbocker-Hosen mit Kniebund und Überfall.

Foto rechts: **Feldberg, Februar 1952**
Vor die Abfahrt ist der Aufstieg gesetzt. Skiurlauber, die soeben ihren Fahrzeugen entstiegen sind, machen sich auf den Weg durch den tiefverschneiten Wald Richtung Seebuck und Feldberggipfel.

Foto Seite 11: **Feldberg, November 1952**
Der Feldberg ist für seine Schneesicherheit bekannt. In der Oberrheinebene zu Füßen des Schwarzwalds ist der November ein eher ungemütlicher, nasskalter Geselle. Im Jahr 1952 war zur gleichen Zeit, nur weniger als 20 km Luftlinie vom rund 1200 m niedriger gelegenen Freiburg entfernt, bereits eine Schneefräse im Einsatz, um die Zufahrtswege der „November-Verdrossenen" nach oben frei zu halten.

Foto unten: **Altglashütten, März 1958**
Im Zuge der zunehmenden Motorisierung wurde das Straßennetz in den Skigebieten des Schwarzwalds samt der dazu gehörenden Infrastruktur und Serviceeinrichtungen ausgebaut. Die abgebildete Tankstelle, die ohne den Zustrom von Touristen und Skiurlaubern in ihrer doch eher randständigen Lage wohl kaum überlebensfähig gewesen wäre, würde den heutigen baulichen Auflagen nicht mehr genügen. Dafür fügt sie sich gut in die Landschaft ein und passt sich der traditionellen Holzbauweise des Schwarzwalds so weit wie möglich an.

08-7821

Foto oben: **Feldberg, Februar 1952**
Nach Träger Nr. 13 ist der Ausstieg des Sessellifts am Seebuck erreicht. Die traumhafte Leere auf der Piste hängt sicherlich auch damit zusammen, dass im Gegensatz zu den heute üblichen Doppelschleppliften nur jeweils eine Person nach oben befördert wird. Im Hintergrund ist der „Feldberger Hof" zu erkennen.

Foto Seite 12/13: **Feldberg, Februar 1952**
Dieses Bild mag all jenen ein Trost sein, die sich heute über lange Wartezeiten an den Skiliften beklagen. Wie man sehen kann, war es in den 50er Jahren auch nicht viel besser. Zumindest am Wochenende und bei schönem Wetter war der Andrang an den Liften im Feldberggebiet immens. Dazu trugen nicht zuletzt eine neu gewonnene Mobilität großer Teile der Bevölkerung und der aufkommende Skitourismus bei.

Kleines Foto Seite 13: **Feldberg, Februar 1952**
Zwischen den mannshohen Schneemassen hindurch gelangt man endlich zum Lift. Ein Mann vom Liftpersonal ist beim Einstieg behilflich. Erstaunlich ist, dass trotz des voll besetzten Sessellifts kein Skifahrer auf der Piste zu sehen ist. Schade, dass die „Liftordnung" auf der Tafel über dem ersten Träger nicht zu lesen ist.

Foto rechts: **Feldberg, Februar 1952**
Das lange Warten in der Liftschlange hat sich gelohnt. Hoch über dem Boden scheint dieser Mann zu schweben und die Strahlen der Wintersonne zu genießen.
Wenn man die Ausrüstung mit der heutiger Skifahrer vergleicht, fallen einem sofort die überdimensionalen Teller der Skistöcke sowie die geschnürten Skischuhe auf.

Foto oben: **Feldberg, Februar 1960**
Wieder einmal heißt es: Schlange stehen am Sessellift. Wenn man einmal genau die großen Abstände zwischen den einzelnen „Sesseln" betrachtet, kann man sich leicht vorstellen, wie lange der Einzelne zu warten hatte, bis er endlich an die Reihe kam. Und nach der nicht allzu langen Abfahrt am Seebuck beginnt die Prozedur wieder von Neuem. Interessant auch, daß nirgendwo ein Kassenhäuschen zu sehen ist und scheinbar niemand eine Liftkarte abknipst.

Foto rechts: **Bärental, Februar 1957**
Nicht ganz so bequem wie im Sessellift, geht' s mit dem Schlepplift nach oben. Bereits 1906 baute ein Schollacher Bauer seine Mühle so um, daß diese mit Wasserkraft Skifahrer den Berg hinauf schleppen konnte. Dies war der erste Schlepplift in Deutschland überhaupt. Im Gegensatz zu heute, wo es üblich ist, sich den Bügel unter den Allerwertesten zu klemmen, lassen sich diese beiden Skifahrer vom Lift ziehen, was sicherlich anstrengender ist, der guten Laune aber offenbar nicht

Foto oben: **Horben, März 1955**
Die Talstation der Schauinslandbahn bei Horben. Seit 1930 befördert diese erste Großkabinen-Umlaufbahn der Welt ihre Fahrgäste in ca. 15 Minuten von der Talstation in die 746 m höher gelegene Bergstation auf dem Schauinsland. Von Freiburg aus bequem mit dem Bus zu erreichen, ist sie im Winter für viele Skifahrer ein ideales Transportmittel, um die Skipisten bei Hofsgrund zu erreichen. Bei guter Schneelage kann man auch über das „Kaltwasser" wieder bis zur Talstation abfahren.

Foto links: **Schauinsland, November 1951**
Langsam nährt sich die Gondel ihrem Ziel. Während im Tal noch keine Anzeichen des Winters zu erkennen sind, hüllt sich die Bergstation der Schauinslandbahn bereits in ein dichtes Schneekleid (am unteren Bildrand gerade noch zu erkennen) und lädt die Besucher, wenn vielleicht auch noch nicht zum Skifahren, so doch sicherlich zu einem ausgedehnten Winterspaziergang rund um den Gipfel ein. Nach diesen ersten winterlichen Eindrücken geht es dann wieder hinab ins herbstlich nasskalte Freiburg.

Foto rechts oben: **Schauinsland, März 1955**
Hochbetrieb vor der Bergstation der Schauinslandbahn. Während sich die einen zur Skitour bereitmachen oder diese gerade beendet haben, aalen sich die anderen sonnenhungrig in den Liegestühlen. Der Schauinsland ist, als „Hausberg" der Freiburger, von jeher sowohl im Sommer als auch im Winter ein beliebtes Ausflugsziel und an schönen Tagen leider auch oft völlig überlaufen.

Foto rechts: **Schauinsland, Februar 1952**
Unterhalb des Schauinslandgipfels liegt auf 1219 m Höhe die Bergstation der Schauinslandbahn. Bevor es wieder hinab ins Tal geht, genießen die Leute nach einem anstrengenden Tag auf den „Brettern" hier noch einmal in aller Ruhe die letzten Strahlen der Sonne. Man kann nur hoffen, daß der Herr, der mit dem Buch auf dem Kopf eingeschlafen ist (rechts unten), die letzte Talfahrt der Bahn nicht verpaßt.

Foto rechts: **Feldberg, Februar 1952**
Das schneereiche Feldberggebiet (hier die Grafenmatt-Kuppe) ist seit jeher das Zentrum des Wintersports im Schwarzwald. Ob *(wie im Bildvordergrund zu sehen)* Skiwandern, oder *(im Hintergrund)* Abfahren, ob Skispringen oder Bobfahren – viele Arten des Wintersports wurden bzw. werden an seinen Hängen und auf seinem Gipfel in einer malerischen Landschaft betrieben und ließen die Menschen der frühen 1950er Jahre die noch nicht ganz beseitigten Kriegstrümmer in ihren Städten für eine Weile vergessen.

Foto rechts oben: **Feldberg, Februar 1952**
Mannshoch lag im Februar 1952 der Schnee an einer Straße auf dem Feldberg. Um einen Zugang von der Straße zu dem Haus herzustellen, wurde durch die von einer Schneefräse geschaffene mannshohe Schneewand ein Tunnel gegraben, dessen Eingang rechts von dem abgebildeten Skiläufer zu erkennen ist.

Seite 22/23:
Großes Foto: **Feldberg, Februar 1952**
Der nahezu baumlose Seebuck ist im Winter fest in der Hand der Skifahrer. Auf dem Foto ist kaum ein Quadratmeter schneebedeckten Bodens zu entdecken, auf dem sie nicht ihre Spuren hinterlassen hätten. Der Sessellift bringt pausenlos neue Skisportler auf den Berg. *Oben rechts* ist gerade noch das vereiste Bismarck-Denkmal zu erkennen.

Kleines Foto: **Feldberg, Februar 1959**
An sonnigen, klaren Wintertagen, wenn keine Wolken und kein Dunst die Aussicht trüben, bietet sich den Wintersportlern vom mit fast 1500 m höchsten deutschen Mittelgebirgsgipfel aus ein einzigartiger Anblick. Über eine Distanz von bis zu 250 km Luftlinie hinweg grüßt die schneebedeckte Alpenkette vom Säntis bis zum Montblanc zum Schwarzwald hinüber. Für die Menschen, die sich an einem Februarsonntag im Jahr 1959 mit ihrem Sportgerät auf dem Feldberg versammelt haben, ist das Ski- und Schlittenfahren offenbar zur Nebensache geworden. Die Gruppe älterer Personen am rechten Bildrand hat sich nicht des Skifahrens wegen mit dem Sessellift auf den Gipfel bringen lassen, sondern einzig, um auf Klappstühlen das Alpenpanorama zu genießen.

Foto links: **Feldberg, Februar 1952**
Ein Bild der Gegensätze: der Winter hat die Landschaft fest im Griff und den Telegrafenmasten sowie dem vorspringenden Dach der Holzhütte ein bizarres Aussehen verliehen; zur gleichen Zeit genießt eine Gruppe von Skisportlern eine erste Vorahnung von Frühling.

Kleines Foto oben: **Feldberg, Februar 1952**
Bei Inversionswetterlage herrschen im Schwarzwald verkehrte Verhältnisse. Während unten am Oberrhein der Himmel trüb und verhangen ist, lädt auf den sonst eher rauheren Höhen des Schwarzwalds heller Sonnenschein zum Verweilen ein. Die Damen der Skifahrergruppe auf dem Bild haben die Sportjacken abgelegt und die Skier zu Liegen für ein Sonnenbad umfunktioniert.

Großes Foto oben: **Feldberg, Februar 1959**
Zahlreiche Erholungssuchende haben sich an einem Februar-Sonntag auf dem Seebuck versammelt. Während einige ein Sonnenbad direkt auf dem Boden nehmen und dabei ihre Skier als Unterlagen benutzen, haben sich andere mit ihren Brettern und Skistöcken Liegestühle konstruiert. Bei einem Pärchen im Vordergrund kommen erste Frühlingsgefühle auf. Diejenigen, die der Sonne besonders nah sein wollten, haben das Bismarck-Denkmal *im Hintergrund* erklommen.

Feldberg, Februar 1952
Lässig haben sich zwei Skifahrer auf ihren "Skiliegestühlen" *(rechts unten im Bild)* zu Füßen des Bismarck-Denkmals niedergelassen, das seit 1896 an markanter Stelle den 1448 m hohen Seebuck krönt. Der Platz um das Denkmal herum lädt zu allen Jahreszeiten die Erholungssuchenden zur Rast ein. Beeindruckend ist die bizarre Schnee- und Eiskruste, die den Obelisken im Winter überzieht.

Foto oben: **Feldberg, Februar 1959**
Skier, die zu einem dichten Palisadenzaun zusammengesteckt sind, umgeben das „Hotel Albquelle" im Feldberg-Gebiet. Die zu ihnen gehörenden Besitzer nehmen auf der Terrasse der Gaststätte Stärkungen zu sich.

Foto links: **Feldberg, Februar 1956**
Ein Wald von im Schnee geparkten Skiern sorgt für ein Winterstilleben auf dem Feldberg, wie es ein Maler nicht besser hätte gestalten können.

Landheim Luginsland
Obermünstertal-Staufen
Gieshübel

Todtnauberg, Januar 1959
Ein Skifahrer vor tief verschneiten Dächern bei Todtnauberg: Das schneesichere Todtnauberg war in den 50er Jahren schon längst wie nur wenige andere Orte vom Skisport geprägt. Von den Anfängen des Skisports in Deutschland in den 1890er Jahren an zählte es zu den bevorzugten Reisezielen der Skiläufer.

Todtnauberg, Januar 1959
Im Schnee versunken sind die alten Bauernhöfe im Todtnauberger Ortsteil Büreten. Trotz der Schneemengen sind die Gehöfte aber nur scheinbar von der Außenwelt abgeschnitten: Der Wintersport hat auch sie erreicht, wie die Skispuren an den sanften Hängen hinter den Häusern verraten.

Foto links: **Titisee, Januar 1957**
Eine Gruppe Skifahrer zieht in der tiefstehenden Wintersonne an einem Hang über dem Ufer des zugefrorenen Titisees ihre Spuren in den Schnee. *Im Hintergrund* erhebt sich der Seebuck über den Schwarzwald, der mit seiner baumfreien Kuppe und dem alten Aussichtsturm von weither sichtbar ist. Die vom Seebuck steil abfallenden verschneiten Felswände zum Feldsee sind gut zu erkennen.

Foto oben: **Hinterzarten, Februar 1957**
Ein junger Skifahrer begegnet dem Besitzer eines „Wirtschaftswunderautos“ im winterlichen Hinterzarten: Wem gehört die Straße ?

Foto links oben: **Hinterzarten, Januar 1959**
Auch in den aufbaufreudigen 1950er Jahren hat sich Hinterzarten trotz seiner Bedeutung als Kur- und Wintersportort viel von seinem ursprünglichen Aussehen bewahrt, und es sind nicht übergroße Hotelburgen und dichter Verkehr, die dem Ort das Gesicht geben und die das Geschehen dominieren würden. An einem Januartag des Jahres 1959 sind es Skifahrer, die das Ortsbild prägen. Die modisch gekleideten jungen Damen auf dem Bild nehmen die Straße durch Hinterzartens Ortsmitte wie selbstverständlich in Anspruch.

Foto links unten: **Hinterzarten, Januar 1959**
Reger Betrieb im Skigebiet um Hinterzarten an einem Januartag 1959. Es gibt Orte im Schwarzwald, die sich durch größere Schneesicherheit und Schneehöhen auszeichnen als Hinterzarten. Dennoch zählt es zu den bekanntesten Wintersportzentren des Schwarzwalds. In den 50er und 60er Jahren wurde der Ruf der Gemeinde als Wintersportort durch die internationalen Erfolge von Georg Thoma in die Welt hinausgetragen – eine bessere Werbung konnte es für einen Fremdenverkehrsort kaum geben.

Foto links: **Hinterzarten, Januar 1959**
Skifahrer versammeln sich vor dem Tor des einstigen Jagdschlösschens der Freiherrn von Sickingen im Hinterzartener Ortsteil Erlenbruck, hoch über dem eigentlichen Ort gelegen. Obgleich das Gebäude in den 1950er Jahren schon längst nicht mehr im Besitz derer von Sickingen war, hatte sich seine Funktion in gewisser Weise nicht verändert: Es diente als Erholungsheim der Deutschen Rhodiaceta AG und nicht mehr exklusiv einer mit Standesvorrechten ausgestatteten Familie.

Foto rechts: **Oberried, Januar 1959**
Wie für diese drei Kinder, war wohl für die meisten der Schlitten das erste Wintersportgerät. Trotz mancher Neuerungen (z. B. lenkbare Kunstoffschlitten) erfreut sich der klassische Holzschlitten in nahezu unveränderter Form nach wie vor großer Beliebtheit. Etwas Schnee, ein kleiner Hügel und ein paar Freunde – schon kann der Spaß losgehen.

Foto unten: **Todtnauberg, Januar 1959**
Während die „Großen" an dem Hang im Hintergrund Ski fahren, zieht es die „Kleinen" zum Schlittenhügel oder zum Spielen in die Schneemassen.

Foto rechts: **Turner, März 1956**
Die wohl geruhsamste Art der Fortbewegung im Winter ist eine Fahrt im Pferdeschlitten. In warme Decken gehüllt, kann man bei strahlendem Sonnenschein die prachtvolle Landschaft langsam an sich vorüberziehen lassen. Die auf einem Lederband auf dem Rücken des Pferdes angebrachten Glocken sorgen für die entsprechende „Begleitmusik".

Kleines Foto: **Todtnauberg, Januar 1959**
Der alte Hornschlitten hat ausgedient. Die Kinder haben ein neues Spielgerät für sich entdeckt und stapfen nun auf Skiern durch den Schnee. Doch sicherlich wird schon bald die nächste Generation herangewachsen sein und den alten Schlitten aus seinem Dornröschenschlaf erwecken.

O. Rambach
St. Märgen

Hinterzarten, Januar 1954
Von der Keßlerhöhe aus schlängelt sich die hier noch im Bau befindliche Bobbahn auf über 1000 m Länge mit neun Kurven in Richtung Hinterzartener Ortsrand. Nachdem bereits im November 1953 mit den Vorbereitungen begonnen wurde, nimmt die Bahn nun dank günstiger Witterungsverhältnisse (viel Schnee und tiefe Temperaturen) und tatkräftigem Einsatz zahlreicher Helfer langsam Gestalt an. Die Bahn hatte ein sehr starkes Gefälle in ihrem unteren Teil, das mit seinen 15 bis 18 Prozent weit über dem Durchschnitt anderer Bahnen lag und die Hinterzartener Bobbahn zur schnellsten Deutschlands machte.

Hinterzarten, Januar 1954
Für die Steilwandkurven der Bobbahn werden große Quader aus der verharschten Schneedecke gestochen und aufeinander geschichtet. Hinter der fertigen Kurve in der Bildmitte kann man deutlich die schneefreie Fläche erkennen, die durch den Bau der Kurve entstanden ist. Internationale Experten unterstützten den erst im Oktober 1953 gegründeten „Bob- und Schlitten-Club Hinterzarten" bei der Planung und Erstellung der Bahn.

Hinterzarten, Januar 1954
Langsam aber sicher erhält die Kurve ihre endgültige Form. Hervorstehende Teile werden mit der Schaufel begradigt, so daß eine nahezu glatte, fast senkrecht empor stehende Kurvenfläche entsteht. Es ist deutlich zu Erkennen, mit welchem Engagement und Elan die Helfer bei der Arbeit sind.

Foto rechts: **Hinterzarten, Januar 1954**
Nachdem die Schneequader aufgerichtet sind, wird die Innenseite der Kurve weiter bearbeitet. Schnee wird in einen großen Bottich gefüllt und mit Wasser vermengt. Mit dem so hergestellten „Schneebeton" werden die Fugen in der Quaderwand ausgestrichen und geglättet. Die Arbeiten verliefen unter großem Zeitdruck, da plötzlich einsetzendes Tauwetter das Ende aller Bemühungen gewesen wäre. Den beiden Arbeitern am Bottich blieb wohl nicht ein mal mehr die Zeit für eine wohlverdiente Zigarettenpause.

Foto rechts: **Hinterzarten, Januar 1954**
Durch das Besprengen mit Wasser erhält die Kurve, wie die gesamte Bahn, den letzten Schliff. Es entsteht eine spiegelglatte und extrem harte Wand, die dem großen Druck, den die Bobs aufgrund der Fliehkräfte ausüben, standhalten muß.
Auf diesem Bild kann man alle Bauphasen, vom Abstechen und Aufschichten der Quader über das Glätten der Fugen bis zum abschließenden Besprengen mit Wasser sehr gut sehen.

Foto oben: **Hinterzarten, Januar 1954**
Spiegelblank glänzt das Eis auf der fertigen Bobbahn in Hinterzarten. Von dieser vorletzten Kurve aus kann man fast die gesamte Bahn überblicken, die sich mit ihren Kurven harmonisch in die Landschaft einfügt.

Foto oben: **Hinterzarten, Januar 1954**
Am 31. Januar 1954 fanden auf der soeben fertiggestellten Bobbahn in Hinterzarten die Erste Südwestdeutschen Zweier-Bob-Meisterschaften statt. Nachdem bereits zu den Trainingsläufen über 1500 Zuschauer gekommen waren, strömten am Wettkampftag etwa 10 000 Besucher nach Hinterzarten, um dem Ereignis beizuwohnen. In der Nacht vor dem Wettkampf hatte man die Bahn nochmals mit Wasser besprengt. Bei Temperaturen von minus 18 ° C gingen an diesem Sonntagvormittag 12 Mannschaften an den Start.

Foto links: **Hinterzarten, Januar 1954**
Der klirrenden Kälte trotzend, die zeitweise sogar die Lautsprecheranlage des Veranstalters ausfallen ließ, konnten die Zuschauer direkt an der Bahn das Geschehen hautnah verfolgen. Leider kam es dabei auch zu einem Zwischenfall, bei dem ein stürzender Bob ein Kind verletzte, welches sich zu weit vorgewagt hatte. Im Bild sind die späteren Sieger des Rennens, die Schweizer Angst und Hug, zu sehen. Im Gegensatz zu den Hinterzartenern fuhren sie bereits einen Bob mit Teilverkleidung.

Foto rechts **Hinterzarten, Januar 1954**
Ein Team des „Bob- und Schlitten-Clubs Hinterzarten“ am Start. Für den jungen Verein, der gleich zwei Mannschaften ins Rennen schickte, war dies der erste Wettkampf, an dem er teilnahm. Um so überraschender war es, daß die Hinterzartener Bobs auf Anhieb die Plätze 3 bzw. 4 belegen konnten. Der Bob war noch ohne die heute übliche Vollverkleidung und mit einem Lenkrad anstelle von Zugseilen ausgestattet.

Foto oben: **Hinterzarten, Januar 1954**
Grund zum Strahlen hatte der Bremser Hug nach dem Siegeslauf. Bereits im ersten Durchgang stellte er mit seinem Partner Angst mit 39,83 Sekunden den ersten Bahnrekord auf der Hinterzartener Bobbahn auf. Auch im zweiten Durchgang blieben die beiden Schweizer ungeschlagen und gewannen die Südwestdeutschen Zweier-Bob-Meisterschaften.

Foto rechts oben: **Neustadt, Februar 1951**
In Neustadt im Schwarzwald fanden im Februar 1951 die Deutschen Nordischen Skimeisterschaften statt. Nachdem bereits an den Vortagen zahlreiche Besucher die Loipen rund um Neustadt gesäumt hatten, strömten zum abschließenden Spezialspringen Tausende – teils zu Fuß, teils mit Skiern – zur Sprungschanze vor den Toren der Stadt.

Foto rechts: **Neustadt, Februar 1951**
Ein herrlicher Blick über das Skistadion hinweg auf Neustadt. *In der Bildmitte* ist deutlich das Münster zu erkennen.

Foto oben: **Feldberg, März 1954**
Ein Blick von der Feldbergstraße hinauf auf die Sprunganlage im Fahler Loch. Zum Abschluß des 23. Internationalen Feldbergspringens kamen am 21.3.1954 etwa 15 000 Besucher, um die Springer lautstark zu unterstützen. Als erster ging der 44-jährige Norweger Birger Ruud, Olympiasieger von 1936, über den Bakken. Mit am Start war auch die spätere Schwarzwälder Skilegende Georg Thoma, damals gerade erst 16 Jahre alt. Das Feldbergskispringen hatte bereits damals eine lange Tradition und wurde 1922 zum ersten Mal ausgetragen.

Foto links oben: **Neustadt, Februar 1951**
Bevor das Springen beginnen kann, wird der Auslauf der Schanze ein letztes Mal präpariert. Zahlreiche Helfer glätten den Schnee mit Skiern, Schaufeln und Rechen. Sehr gut zu erkennen ist, wie steil der Hang unterhalb des Schanzentisches abfällt. Die Helfer mit den Skiern rüsten sich, den Hang an einem Seil gesichert emporzusteigen. Die Tafeln im Vordergrund dienen den Kampfrichtern zur Orientierung, welche Weite der jeweilige Springer erzielt hat.

Foto links: **Neustadt, Februar 1951**
Zuschauer beim Spezialskispringen der Deutschen Nordischen Skimeisterschaften in Neustadt. Nicht erst seit den Erfolgen von Dieter Thoma, Martin Schmitt oder Sven Hannawald begeistert diese Sportart die Massen.

Foto links: **Feldberg, März 1954**
Der weiteste „Satz“ des Tages gelang beim 23. Internationalen Feldbergspringen dem Norweger Jaques Alfredson. Erst nach 80 Metern war sein Flug zu Ende. Hier sieht man ihn hoch über den Köpfen der Zuschauer in der zeittypischen Sprunghaltung. Weder Helm noch Sicherheitsbindung schützten die Springer vor Verletzungen im Falle eines Sturzes.

Foto oben: **Feldberg, März 1957**
Der Sieger des 26. Internationalen Feldbergspringens, Harry Glass aus der „Sowjetzone“, wie man damals sagte. Weder Werbeaufschrift noch Spezialbelag zieren die Unterseiten des Sprungskis. Drei eingefräste Rillen und die Behandlung mit dem richtigen Wachs mußten genügen, um ein müheloses Gleiten über den Schnee zu ermöglichen.

AIR LLOYD

Großes Foto: **Titisee, März 1963**
Der Titisee war im Winter 1963 von einer dicken Eisschicht überzogen. Auf den von den Schneemassen befreiten Flächen bot sich Gelegenheit zum Schlittschuhlaufen und Eisschießen. An der Tatsache, daß Flugzeuge auf dem Titisee starteten und landeten kann man erahnen, wie dick das Eis auf dem See tatsächlich war. Entsprechend frostig waren daher auch die Temperaturen. Im Februar und März dieses Jahres konnte man auch, bisher letztmalig, ein seltenes Naturereignis bestaunen: Die „Seegfrörne“ , d. h. der Bodensee war komplett zugefroren.

Foto unten: **Titisee, März 1963**
Nicht nur Männersache: Eisschießen oder auch Eisstockschießen auf dem zugefrorenen Titisee. Dieser Sport ist die alpenländische Form des in den angelsächsischen Ländern verbreiten Curlings. Die Aufgabe besteht darin, die etwa fünf Kilogramm schweren Eisstöcke so nahe wie möglich an das Ziel, einen Holzwürfel, wie er auch links im Bild zu sehen ist, zu bringen. Die gegnerischen Eisstöcke können hierbei, wenn nötig, verdrängt werden.

Foto oben: **Feldberg, Februar 1952**
Der „Feldberger Hof", vom Seebuck aus gesehen. Schon seit Beginn des Skisports am Feldberg war hier die Anlaufstelle für Wintersportler aus aller Herren Länder. *Links im Bild* ist das ehemalige Maschinenhaus zu sehen, das die Stromversorgung des Hotels sicherstellte. Auch an diesem Tag strömen die Besucher zahlreich vom Hotel und den angrenzenden Parkplätzen aus zu den Liften am Seebuck.

Foto links: **Halde, März 1954**
An einem schönen Wintersonntag vor dem Haldenwirtshaus, zwischen Schauinsland und Notschrei gelegen. Dicht gedrängt stehen die Autos der Gäste, Symbol des deutschen „Wirtschaftswunders". Der ein oder andere Besucher wird sicherlich auch zu Fuß von der nicht weit gelegenen Bergstation der Schauinslandbahn herüberspaziert sein und nun zusammen mit den beim Après-Ski versammelten Skifahrern den herrlichen Sonnenschein genießen.

Foto rechts: **Hinterzarten, Januar 1957**
„Auf der Skihütte", so hat der Fotograph Willy Pragher diese Aufnahme betitelt. Trotz aller Heimeligkeit wirkt das Foto doch sehr gestellt. Schwarzwälder Schinken, Bauernbrot und (vermutlich) Kirschwasser als verdiente Stärkung nach einem anstrengenden Tag auf der Piste. Die dargestellten Skiutensilien (Riemen der Bindung, Wachsdose, Skistöcke und zum Trocknen am Kachelofen aufgehängte Kleidung) sollen das Bild wohl abrunden, wirken auf den heutigen Betrachter jedoch zum Teil etwas deplaziert. Wer nimmt schon Teile der Skibindung mit zum Essen?
Dennoch spiegelt sich hier der Zeitgeist der 50er Jahre wider. Man denke nur an die Vielzahl der „Heimatfilme", die damals in den Kinos liefen.

SCHNEE-BAR
BAR

MAGGI

Schauinsland, März 1954
Ein Briefträger auf dem Schauinsland schnallt sich, abgestützt auf schon viel benutzte krumme Skistöcke, seine „Dienstskier“ an. Umhängt mit schweren Taschen und in gebückter Haltung, kann er doch noch das Gleichgewicht bewahren.

Schauinsland, März 1954
Die ursprüngliche Bedeutung des Skis ist die eines Fortbewegungsmittels, nicht die eines Sportgeräts. Für den Briefträger auf dem Schauinsland hatte der Ski in dieser alten Funktion in den 1950er Jahren noch nicht ausgedient. Schwer bepackt zieht er auf den gleichen Pfaden seines Wegs, die den meisten anderen Menschen zum Wandern und Skilaufen dienen.

Foto Seite 56/57: **Feldberg, Februar 1959**
Gut gekühlte Getränke sind an der Schnee-Bar garantiert. Weniger geeignet ist der Tresen aus Schnee allerdings zum Abstellen von Glühwein oder Jagertee - Schmelzgefahr!

Kleines Foto Seite 57: **Feldberg, März 1954**
Eine Maggi-Verpflegungsstation auf dem Feldberg. Dass größere Firmen den Wintersport zur Werbung oder Produktpräsentation nutzen, ist – wie man hier sieht – nicht erst seit ein paar Jahren der Fall. Bei dem großen Andrang am Stand ist zu vermuten, daß die Kostproben wohl gratis verteilt wurden.

Foto rechts: **Hinterzarten, Februar 1957**
Auch eine Art Wintersport: der Phantasie und Schaffenskraft der Schneekünstler sind keine Grenzen gesetzt. An der Bundesstraße 31 in der Gegend um Hinterzarten wachte im Februar 1957 ein imposanter Schneewolf über die ankommenden Skiurlauber.

Foto oben: **Neustadt im Schwarzwald, Februar 1955**
Georg Thoma war die überragende Persönlichkeit im Schwarzwälder Skisport der 1950er und 1960er Jahre. Das Foto zeigt ihn bei den nordischen Skimeisterschaften im Februar 1955 in seiner Geburtsstadt Neustadt im Schwarzwald. Der damals 17-jährige war auf internationaler Bühne zwar noch nicht hervorgetreten, er war aber immerhin im Jahr zuvor erstmals Deutscher Jugendmeister geworden, galt als eine der großen Hoffnungen im Schwarzwälder Skisport und war bereits in diesen jungen Jahren bei Autogrammjägern begehrt.

Foto links: **Feldberg, März 1954**
Nicht nur die Ausrüstung der Sportler hat sich seit den 1950er Jahren stark verändert, auch die Sprungtechnik der Zeit, in der Georg Thoma seine Sportlerkarriere begann (das Bild zeigt ihn beim Internationalen Feldberg-Skispringen 1954), mutet heute ungewohnt an. Bis zum heute üblichen V-Stil war es noch ein weiter Weg. Die Arme wurden weit ausholend nach vorne gerissen, anstatt sie nach hinten eng anzulegen.

Foto rechts: **Neustadt im Schwarzwald, Februar 1955**
Georg Thoma am Start zum Spezialsprunglauf bei den nordischen Skimeisterschaften in Neustadt im Schwarzwald am 5. Februar 1955: Verglichen mit der Ausrüstung heutiger Skispringer, macht die damalige Kleidung der Sportler einen recht unspektakulären Eindruck. Man kam ohne windschlüpfrige Anzüge, ohne Sturzhelm und mit wenig Werbung aus. Der Dynamik, konzentrierten Spannung und Begeisterung am Skisport tat das offenbar keinen Abbruch.

25
24
30

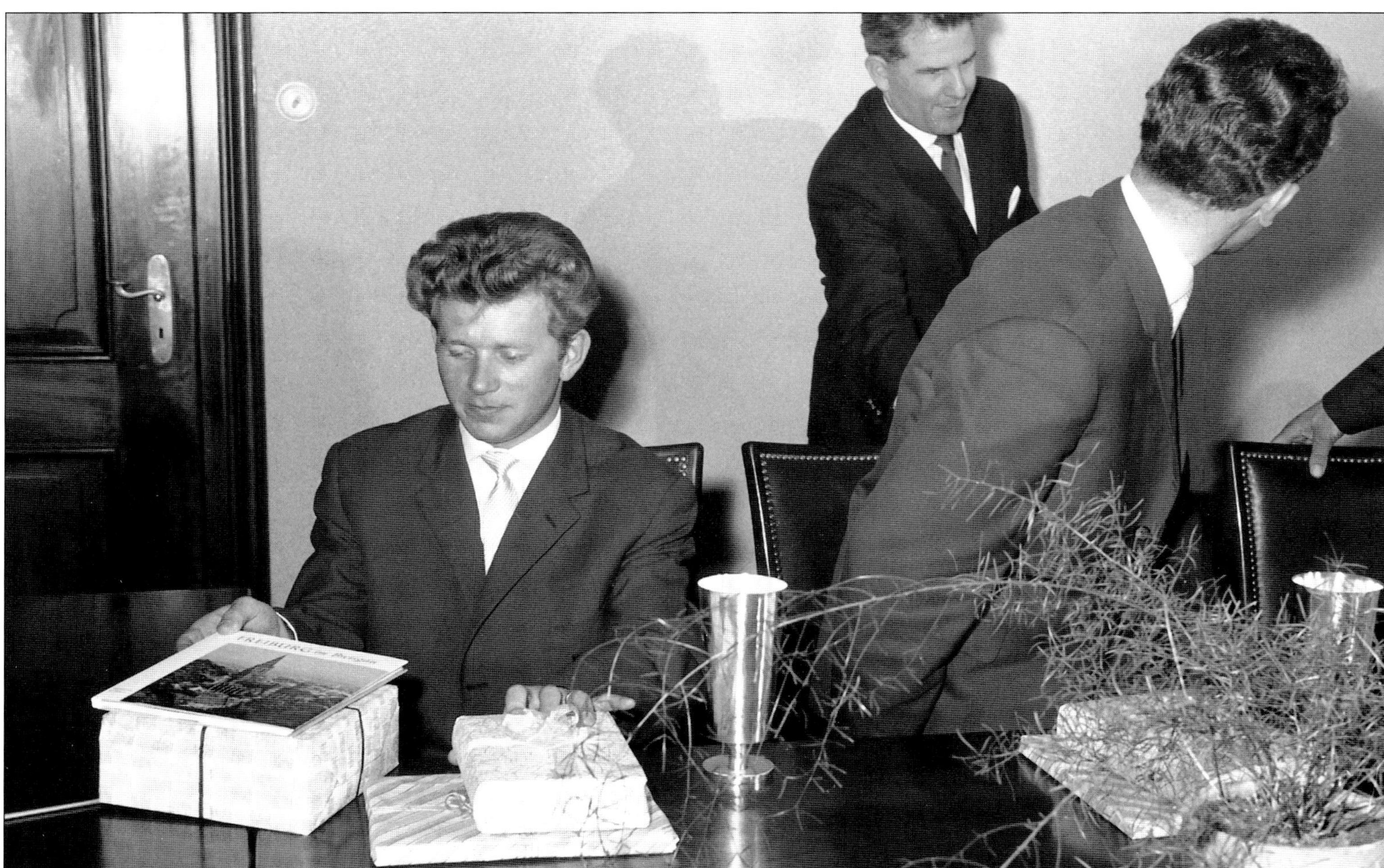
FREIBURG

Foto links oben: **Hinterzarten, Februar 1960**
Das sportlerische Talent Georg Thomas war und ist in seinem Familien- und Verwandtenkreis natürlich herausragend, aber keineswegs singulär. Vater Albert (das Foto zeigt ihn beim Skiunterricht in Hinterzarten im Jahr des Olympiasiegs seines Sohnes) war dem Skisport ebenso verbunden wie der Neffe Dieter es als Weltklasse-Skispringer bis vor wenigen Jahren noch war.

Foto links unten: **Freiburg, März 1960**
Der größte Erfolg Georg Thomas, sein Olympiasieg von Squaw Valley in der nordischen Kombination 1960, brachte nicht nur ihm persönlich den Durchbruch auf der internationalen Bühne, sondern war zugleich eine Wendemarke im nordischen Skisport überhaupt. Thoma war der erste Mitteleuropäer, der den Titel gewann. Für viele Jahre wurde die Dominanz der Skandinavier in dieser Disziplin gebrochen. Im Schwarzwald wurde Thoma begeistert empfangen und mit Ehrungen überschüttet. Das Bild zeigt ihn bei einem Empfang im Freiburger Regierungspräsidium nach der Rückkehr von den Olympischen Spielen.

Foto oben: **Freiburg, November 1960**
1960 heiratete Georg Thoma im Freiburger Münster Annemarie Schmidt aus Bahlingen am Kaiserstuhl. Eine rein private Angelegenheit war die Feier damals nicht. Zahlreiche Schaulustige und Verehrer versammelten sich vor den Portalen des Münsters. Nach der Trauung bildeten Mitglieder des „Skiklubs Hinterzarten" ein Spalier mit ihren Brettern, durch das das neuvermählte Paar die Kirche verließ. Georg Thoma zog sich nach seinem Olympiaerfolg noch lange nicht vom internationalen Skisport ins Privatleben zurück. In der Weltrangliste der nordischen Kombination belegte er weiterhin führende Plätze, 1964 errang er die olympische Bronzemedaille und 1966 wurde er zum letzten Mal Weltmeister. Später kamen mehrere Seniorentitel hinzu.